Zur Soziologie und Philosophie des Krieges.

Vortrag, gehalten am 30. November 1912 im „Verband Deutsch-völkischer Akademiker“ zu Brünn.

Von

Othmar Spann.

Berlin 1913.
J. Guttentag, Verlagsbuchhandlung,
G. m. b. H.

Περὶ τοιαύτης οὖν πόλεως οἵδε τε γενναίως δικαιοῦντες μὴ ἀφαιρεθῆναι αὐτὴν μαχόμενοι ἐτελεύτησαν, καὶ τῶν λειπομένων πάντα τινὰ εἰκὸς ἐθέλειν ὑπὲρ αὐτῆς κάμνειν.

Für einen solchen Staat sind diese Tapferen gefallen, weil sie von sich forderten, sich ihn nicht rauben zu lassen, und auch von jedem der Überlebenden ist zu erwarten, daß er alles für ihn zu leiden entschlossen sei.

Aus der Leichenrede des Perikles. Thukydides, II, 41.

Liebe Kommilitonen! Verehrte Gäste!

Wer vom Kriege handelt, hat einen großen und ernsten Gegenstand vor sich, und die Verantwortung, die er trägt, ist so groß, daß die bloße wissenschaftliche Betrachtung — die sich ja, wo sie auf induktiver Analyse beruht, selten als vollkommen abgeschlossen betrachten darf — nicht ausreicht, um ein Endurteil völlig zu begründen. Wollen wir dieses erreichen, müssen wir uns auf unsern lebendigen Instinkt, unser staatsbürgerliches Gefühl und auf jene ethischen Richtmaße verlassen, die uns in praktischen Dingen zuletzt immer leiten.

Welcher Art ist die Verantwortung dessen, der über den Krieg öffentlich urteilt? Entscheidet er sich gegen den Krieg, droht ihm die Gefahr, den gerechten Ansprüchen und Lebensnotwendigkeiten von Staat und Gemeinschaft nicht genug getan zu haben; entscheidet er sich für den Krieg, erscheint seine Verantwortung noch größer. Denn wenn auch eine Stimme niemals über Krieg und Frieden bestimmt, so lastet doch all das unsägliche Unglück und Elend, das der Krieg über Volk und Land bringt, mit auf all denen, die etwas für den Krieg gesagt und zur Kriegsstimmung beigetragen haben.

So ist es von vornherein leichter, unter allen Umständen gegen den Krieg zu sein als für ihn. Daher ist es unsere erste Pflicht, den Mut zur Wahrheit aufzubringen und den Tatsachen so ins Gesicht zu sehen, wie es bei Dingen, die auf Tod und Leben gehen, notwendig ist.

Es ist billig, mit den Nachteilen des Krieges zu beginnen. Wer wäre nicht erschreckt über seine verheerenden Wirkungen auf so viele Menschenleben: Tod, Wunden, lebenslängliche Leiden, Verkrüppelung brechen über die blühende Jugend ungezählter Tausender herein.

Früheren Zeiten gegenüber ist die rein menschliche Seite dieser Leiden und Todesgefahren nicht dieselbe geblieben. Ich lasse es sein, daß der kriegerische und ritterliche Geist abgenommen hat, der einen Cervantes die Verstümmelung, die er durch den Verlust seiner linken Hand erlitt, als etwas „Schönes" empfinden ließ, „weil er sie bei der denkwürdigsten und erhabensten Gelegenheit davontrug". Aber derselbe Schaden an Leben und Gesundheit ist heute niederdrückender geworden, wegen der weit schlimmeren wirtschaftlichen Begleiterscheinungen. Immer zwar mußte der Mann heraus aus Beruf, Beschäftigung, Planen und Hoffen dem Tode entgegen; aber das einfachere Dasein der früheren Zeiten mit seinen festeren Geleisen und Laufbahnen, die das landwirtschaftliche und städtisch-zünftige Leben hatte, bot dem Einzelnen eine offener daliegende Zukunft, ließ weniger Spielraum für Hoffnungen und Entwürfe, und das war jenem rein menschlichen Entschluß, das Leben einzusetzen, zweifellos günstiger. Wir sind heute tiefer in äußere Verhältnisse verstrickt, weil sie mannigfacher, freier gestaltbar, unsicherer, unorganisierter wurden und unsern persönlichen Anstrengungen mehr Raum lassen; so sind wir in diesem Punkte wirklich ein kleineres, materialistisches Geschlecht, das sein Planen und Tun gern für das Leben selber nähme und nichts davon wissen möchte, daß wir unter allen Umständen sterben müssen.

Die Menschenverluste, die der Krieg mit sich bringt, stellen noch dazu eine negative Auslese dar, weil sie die gesündesten und kräftigsten Männer im besten Alter treffen.

Dazu kommt, daß die modernen Kriege trotz kürzerer

Dauer die Tendenz haben, blutiger zu werden[1]. Der russisch-japanische und der bulgarisch-türkische Krieg haben ungeheure Opfer gefordert. Tröstlich ist indessen dabei, daß für das Ganze einer Nation oder Staates die Verluste an Menschenleben heute kleiner sind als früher, denn heute schickt ein Volk einen kleineren Prozentteil als Kämpfer in die Schlacht. Im deutsch-französischen Kriege 1870/71 betrug auf deutscher Seite die Zahl der Toten rund 40 000 Mann einschließlich rund 12 000 an Krankheit Gestorbener. Das macht nur rund 1 Promille der Gesamtbevölkerung jener Zeit im deutschen Reichsgebiet, während die Schwankungen der allgemeinen Sterblichkeit einer Bevölkerung, wie sie vielleicht durch Krisen, hohe Geburtenzahl und Seuchen herbeigeführt werden, nicht allzuselten gleich groß oder auch größer sind Allerdings bedeuten solche ziffermäßig gleich große Sterblichkeitsschwankungen im Kriege und Frieden doch ganz verschiedenes. Im Kriege werden die gesündesten und außerdem im produktivsten Alter stehenden jungen Männer dahingerafft, durch Sterblichkeitsschwankungen, die Krisen oder Seuchen hervorrufen, werden hauptsächlich Säuglinge und Kränkliche verschiedener Altersstufen betroffen.

Die Verluste an Menschenleben sind denn auch lange nicht das Schlimmste am Kriege. Das Leben ist nun einmal auf den Tod gestellt. Die schrecklichsten Wirkungen des Krieges treffen vielmehr die Zurückbleibenden. Sind schon die Sorgen und Qualen, die sie auszustehen haben, oft schlimmer als die Strapazen und Schmerzen derer, die ins Feld zogen, so droht ihnen doppelt furchtbar das wirtschaftliche Elend, dem sie, vielleicht aus Wohlstand und Hoffnungen herausgerissen, dauernd preisgegeben sind. Bräute, Witwen, Waisen, hinterlassene, gebrechliche Eltern sehen sich ihrer einzigen Stütze beraubt. Und nicht minder fürchterlich sind die Zukunftsaussichten jener Kämpfer, die mit Wunden oder unheilbaren Leiden, verstümmelt und verkrüppelt als Mindererwerbsfähige zurückkehren.

Gerade diese schlimmsten Wirkungen aber, behaupte ich, die auch für die Nation als Ganzes weit drückender sind als der Tod blühender Jugend auf dem Schlachtfelde, können zum großen Teil ihrer Bitternis und Schärfe beraubt werden. Heute haben die Regierungen in der Sozialversicherung ein Instrument zur Hand, das sie sowohl für die invaliden Krieger wie für hinterbliebene Witwen und Waisen (auch uneheliche) und Eltern wirksam anzuwenden vermögen: die Sozialversicherung muß zur vollen Kriegsversicherung mit Staatszuschüssen ausgebaut werden; und für alle jene, die bisher nicht von ihr erfaßt werden, müssen unmittelbare Staatsrenten eintreten. Die breiteste Grundlage und eine ausreichende Bemessung der Renten sind unerläßlich und der Größe der Sache auch allein würdig. Für seine eigenen Angestellten hat der Staat (ebenso wie die Länder und die Stadtverwaltungen) jene großzügige Handhabung seiner Versorgungsbestimmungen in der Gewalt, welche die besonderen Umstände verlangen, z. B. indem er in allen Fällen, sei es den Kriegern, sei es den Hinterbliebenen gegenüber, die volle 35jährige Dienstzeit fingiert. Bei all dem werden die Lasten für die Sozialversicherungskassen bzw. die Staatszuschüsse nicht allzu hoch sein, da ihnen durch den Tod vieler junger Männer ohne Hinterbliebene deren mehrjährige Leistungen als Gewinne in den Schoß fallen.

Eine ähnliche Fürsorge ist aber auch während des Krieges geboten. Die von der österreichischen Regierung schon vorgesehene Unterstützung der Angehörigen Mobilisierter im Ausmaße des örtlichen Preises von 0,42 kg Rindfleisch nebst Zuschüssen für Miete und Kinder ist zwar um so verdienstvoller, als sie von der Regierung freiwillig, ohne Drängen der versagenden Parteien, gewährt wurde; keineswegs aber kann sie völlig genügen. Im Rücken der Heere wird das Wirtschaftsleben zumeist stillgelegt sein, und es werden zu Tausenden auch solche Familien brotlos, die keinen Kämpfer ins Feld geschickt haben. Daher soll eine Arbeitslosenversicherung verbunden mit Organisierung gemeinnütziger Notstandsarbeiten eintreten. Namentlich letztere wird in großen Städten schon deshalb nötig sein, um bei der zu befürchtenden Störung der unentbehrlichsten Produktions- und Lebensmittelversorgung großer Teuerung und schlimmem Gütermangel vorzubeugen.

Durch solche Vorsorge wird am besten Katastrophen, die selbst im Rücken siegreicher Heere drohen können, vorgebeugt werden.

Nun höre ich schon den Einwand, woher denn das Geld für solche Unterstützungen genommen werden solle. Ich glaube aber fürs erste, daß in einem derartigen Falle, wenn es nötig wäre, auch die bittersten Anstrengungen gemacht und die größten Schwierigkeiten besiegt werden müßten, weil es sich für Nation und Staat um eine Ehrensache, um einen unbedingt notwendigen Akt der Solidarität und Menschlichkeit handelt. Alle guten Geister mögen uns vor dem Anblick verwundeter Krieger bewahren, die mit einem Leierkasten in der Hand die öffentliche Mildtätigkeit in Anspruch nehmen. Zweitens sind die Opfer, die zu bringen wären, gar nicht allzu schwer. Im deutsch-französischen Kriege waren nebst 40 000 Toten 90 000 Verwundete, das wären im ganzen 130 000 mögliche Versorgungsfälle [2]. Hiervon wird aber wegfallen: erstens ein Teil vollkommen Geheilter, zweitens die Toten ohne alle Hinterbliebenen, drittens die Offiziere und Unteroffiziere, für die der Staat ohnehin vorgesorgt hat, desgleichen viertens die Staatsangestellten wenigstens mit jenem Teil, der den normalerweise gewährten Versorgungsgenüssen entspricht, fünftens endlich alle jene, die wohlhabend genug sind, um weder für sich noch für ihre Hinterbliebenen Staatszuwendungen in Anspruch nehmen zu müssen. So würde von jenen 130 000 schließlich nur ein Bruchteil neuer Versorgungsfälle übrigbleiben. Die französischen Kriegskosten betrugen 1870/71 (ohne Kriegsentschädigung) 8739,3 Millionen Fr., darunter waren nur 50 Millionen für Unterstützung der Familien der Soldaten, also fast nur ein Zwanzigstel — ein Bruchteil, der keine große, drückende Rolle spielt. Wenn man daraus Schlüsse für die Lasten der Kriegsversicherung ziehen wollte, ergäbe sich ein (relativ) noch geringerer, dazu rasch abfallender Budgetposten, denn der Stock der Fälle vermindert sich ja durch den Tod, besonders der Invaliden und der unterstützungsbedürftigen Eltern. Man muß stets das Verhältnis zu modernen Kriegskosten und zur modernen Leistungsfähigkeit der Volkswirtschaft im Auge behalten [3]. Setzt man nach einem modernen Kriege jene Grundzahl von 130 000 sogar verzehnfacht, was gewiß hoch gegriffen ist, so bliebe, wenn so Hunderttausende von Versorgungsfällen sich ergäben, eine mit Hilfe der Sozialversicherung verminderbare und organisatorisch leicht aufzuwendende Staatslast übrig, die in unserm Drei-Milliardenbudget nicht allzu großen Raum einnehmen würde, und die übrigens mittelbar, durch Stützung und Erhaltung schwacher produktiver Kräfte volkswirtschaftlich wieder fruchtbar wird.

Soll sich unsere moderne Volkswirtschaft, deren Produktivität ins Ungeheure gestiegen ist, und deren jährliche Überschüsse in die Milliarden gehen, von alten, weit primitiveren Wirtschaftskörpern übertreffen lassen? In Athen und anderen antiken Staaten aber wurden die Kinder der gefallenen Krieger vom Staate erzogen [4] und erst beim Feste ihrer Großjährigkeit als waffengeschmückte Jünglinge vor allem Volke feierlich entlassen. Man glaube überhaupt nicht, daß solche Versorgungsmaßnahmen, wie sie eine großzügige Kriegsversicherung gewähren würde, einen wirklichen Fortschritt gegen alle früheren Zeiten bedeuteten. Die früheren einfachen und patriarchalischen Verhältnisse konnten ungleich mehr Kriegern, die als mindererwerbsfähig zurückgekehrt waren, Beschäftigung bieten, als es unser städtisches und industrielles Leben mit seinem scharfen Wettkampfe, in dem für persönliche Rücksichten kein Raum ist, vermag. So steht es heute fast mit allen sozialpolitischen Reformen, vom Arbeiterschutze bis zur Jugendfürsorge: sie bedeuten keinen wirklichen Fortschritt, sondern erreichen schon sehr viel, wenn es ihnen gelingt, das wieder gut zu machen, was die industrialisierte und verstädtischte Gesellschaft durch ihre Entfaltung notwendig zerstören mußte.

Man glaube auch nicht, daß die Erschöpfung der Volkswirtschaft nach dem Kriege eine so große sei, daß gerade dann solche Lasten unerschwinglich werden. Das ist ein Irrtum. Zunächst sind die Schädigungen am Nationalvermögen durch die modernen Kriege (von normaler, kurzer Dauer) nicht so groß, als angenommen zu werden pflegt. Diese werden oft mit doppelter Kreide berechnet, indem man (neben den Gütervernichtungen auf dem Kriegsschauplatze) fürs erste die unmittelbaren Kriegskosten des Staates und dann noch den Produktionsausfall in Rechnung setzt, der durch die wirtschaftliche Untätigkeit so vieler unter die Fahne Berufener sowie durch Arbeitslosigkeit und wirtschaftlichen Stillstand hinter der Armee gegeben ist. Das sind aber nur die Rohkosten, von denen viele große Posten abgehen. So vor allem die Verpflegung, Bekleidung, Bequartierung und Löhnung aller Einberufenen, weil alle diese Ausgaben, z. T. karger, z. T. aber auch weit reichlicher, im Frieden privatwirtschaftlich aufgewendet worden wären. Sodann die ganz bedeutenden Verbrauchsausfälle der Zurückbleibenden, die, sei es aus Not, sei es, weil aller Luxus nun verpönt ist, sich strenge Beschränkung auferlegen. Dabei muß bedacht werden, daß die Zurückbleibenden weit zahlreicher sind als die ins Feld Gezogenen. Für den Produktionsausfall tritt ferner eine ungeheure Zahl von Händen ein, die unter andern Umständen stillgestanden wären, von Frauen, Kindern, Greisen, Vornehmen. Was sich in Japan in so reichem Maße zeigte: daß die Zurückbleibenden die Felder der Ausgezogenen bestellten, ihre Ernten einbrachten und so für den Fortgang der volkswirtschaftlichen Gütererzeugung sorgten, das zeigte sich ebenso in Rußland wie jetzt wieder in Bulgarien und wird sich immer wieder zeigen. Dasselbe spielt sich aber, wenn auch weniger durchsichtig, in der industriellen Sphäre der Volkswirtschaft ab, indem die einen für die anderen eintreten. Überhaupt tritt während des Krieges eine weitgehende Anpassung an die völlig abnormalen Zustände ein, die oft Stillstand, aber nicht Vernichtung bedeutet. In vieler Hinsicht schlimmer sind die Vermögens- und Kreditzerstörungen, die dem Kriege durch Erschütterung der Märkte vorausgehen. Noch mancher andere Gewinnposten ist den Verlusten gegenüberzustellen, besonders noch die intensive Anspannung aller Kräfte in jenen Erzeugungszweigen, die für den Krieg Güter oder Leistungen zu liefern haben. So erscheint ein Teil der Mobilisierungskosten des Staates in den erhöhten Gewinnen der Eisenbahnen (infolge der Truppen- und Materialtransporte) wieder. Alle Munitions-, Waffen-, Beköstigungs-, Verpflegungs-, Ausrüstungs-, Preßgewerbe, medizinischen und anderen kriegswirtschaftlichen Erzeugungs- und Handelszweige arbeiten fieberhaft, binden viel Kapital und Arbeit und bilden reiche Überschüsse. Andererseits ist das Angreifen des Kapitalstockes und der festen Gütervorräte einer Volkswirtschaft auch von heilsamen Wirkungen begleitet, indem Formen alter unzweckmäßiger Festlegung gelöst werden.

Nur so betrachtet erklärt es sich, daß sich die modernen Volkswirtschaften (aber auch die älteren!) nach Kriegen ganz überraschend schnell erholen. Natürlich darf man nicht an ganz lange Kriegsperioden, wie den Peloponnesischen oder den Dreißigjährigen Krieg denken, die entvölkernd wirkten, den Kriegsschauplatz auf das ganze Land ausdehnten und das Güter- wie das Menschenkapital bis zur völligen Entleerung der Volkswirtschaft angriffen. Auf gewöhnliche Kriege hingegen folgt mit Sicherheit ein lebhafter wirtschaftlicher Aufschwung. Die Tatkraft wird angespannt, Vertrauen und Kredit kehren wieder, überall sind Lücken auszufüllen, wirtschaftliche Neugestaltungen zu vollbringen. So wird unfehlbar eine Gründerperiode gezeitigt, die sowohl nach 1866 wie nach 1870 wie nach dem russisch-japanischen Kriege sich einstellte; selbst Japan, das im Kampfe mit Rußland schon an der Grenze seiner wirtschaftlichen Leistungsfähigkeit angekommen und auch an Menschen erschöpft war, erholte sich infolge des starken Aufschwunges überaus schnell.

Aus der Erschöpfung der Volkswirtschaft nach dem Kriege kann also, weil sie nicht nachhaltig ist, kein Grund gegen eine Kriegsversicherung abgeleitet werden.

Dagegen wäre es ein Fehler, die Forderung nach einer Kriegsversicherung nur rein ökonomisch zu beurteilen. Hier zeigt sich im Gegenteil gerade am deutlichsten das, was überhaupt am Anfang jeder gesellschaftswissenschaftlichen und politischen Betrachtung stehen sollte: die Untrennbarkeit und Einheit alles staatlichen und gesellschaftlichen Lebens. Jene Wehrmänner, die heute mit dem Bewußtsein in den Krieg ziehen, ihre Frauen und Kinder oder gebrechlichen Eltern dem sicheren Elend preiszugeben und, wenn sie als Mindererwerbsfähige zurückkehren, selber Bettler zu werden, müssen sich notwendig als matte Kämpfer erweisen. Und welche Gefahren von Katastrophen im Falle einer Niederlage sowohl im Rücken der Heere wie in ihrer Mitte selbst! Der österreichische Feldmarschalleutnant und Soziologe Gustav Ratzenhofer hat hierauf mit Recht hingewiesen[5]. Man muß daher dem Begriffe der bloß physischen Kriegsbereitschaft auch den der moralischen Kriegsbereitschaft zur Seite stellen. Diese moralische Bereitschaft ist bei dem heutigen aus industrialisierten und städtischen Gebieten ergänzten Heere sogar nicht einmal mit der patriotischen Gesinnung allein gegeben; erst mit der öffentlichen Vorsorge für die Linderung der ökonomischen Folgen des Krieges kann sie wirklich gesichert werden. Diese scheinbar rein sozialpolitische Angelegenheit hat zugleich einen eminent militärischen Charakter und Wert. Was nützen uns die aufgehäuften Kriegsmaterialien, die ausgebildeten Leute, selbst das vorzüglichste Offizierkorps, wenn der Masse moralische Kriegsbereitschaft fehlt? Das gesamte Staats- und Gesellschaftsleben bildet eben ein unteilbares Ganzes, und jede Trennung, jede isolierende Behandlung darf immer nur als administrativ bedingt, niemals als dem Geiste und ihrer wahren Natur nach bestehend angesehen werden. Was ist denn die Trennung der Staatsregierung in eine nach innen und eine nach außen hin wirkende anderes als eine Künstlichkeit?[6]; Hier kann sich der Staat nicht anders zeigen wie das einheitliche Individuum, denn er ist nun einmal in seiner Art ein ebenso lebendiger Organismus, ein ebenso lebendiges Ganzes wie das Individuum, das einheitlich, als Ganzes, auf jeden Eindruck, jede Veränderung reagiert. Jeder Mensch, der an Fähigkeiten, Kenntnissen, Entschlüssen wächst oder sich verändert, dessen Verhalten wird dadurch nach außen hin von selbst wieder verändert. Kraft seiner Einheit kann das Verhalten eines Menschen kein anderes sein, als das ihm als innerm Menschen entspricht. Und so ist jede Trennung des einheitlichen Lebens der Individuen sowohl wie der Staaten nur als administrative, technisch bedingte Notwendigkeit zu verstehen. Krieg, Finanzen, Volkswirtschaft, Justiz sind ebensowenig wirklich trennbare Seiten des einen Staatslebens wie die im Ministerium des Innern und Äußern abgesonderten Angelegenheiten. Daher ist derjenige noch kein vollkommener Kriegsminister, der vorzüglich für die Rüstung und Schulung des Heeres, wie einer toten Masse, sorgt. Bei den Geldansprüchen, die der Kriegsminister stellt, verlangt man, daß er auf die Steuerkraft und Leistungsfähigkeit der Volkswirtschaft Rücksicht nehme, um nicht die Kapitalbildung und die Grundlagen der Wehrkraft zu untergraben. Wie hier vom Rüstungsanspruch zur Leistungsfähigkeit, so sollte in allen Angelegenheiten des Heeres zum gesamten Staatsleben, vom Teil zum Ganzen fortgeschritten werden. Wie könnte der Arm ein Schwert führen, wenn das Herz von einer Kugel durchbohrt ist? Ebensowenig können Heer und Krieg ein getrenntes Leben von anderen Teilen und Organen des Staates und der Gesellschaft führen. Derjenige ist der vollkommenste Kriegsminister, der sich die Sicherung der moralischen Kriegsbereitschaft ebenso angelegen sein läßt wie der physischen, und in ernster Stunde vor das Volk hintretend wie Perikles in seiner Leichenrede sagen kann: Für einen solchen Staat sind diese Tapferen gefallen.

Bei uns in Österreich hat übrigens die moralische Kriegsbereitschaft nicht nur diese sozialpolitische, sondern auch eine andere staats- oder nationalpolitische Seite. Davon später.

Gehen wir zur soziologischen Betrachtung des Krieges über, so zeigt sich der Krieg seiner formalen sozialen Natur nach als Gewaltanwendung von Gruppe zu Gruppe, vornehmlich von Staat zu Staat [7]. Das erscheint wohl als eine primitive Wahrheit. Die Festhaltung dieser Bestimmung aber wirft ein Licht auf die Verwandtschaft mit anderen sozialen Erscheinungen. Gewaltanwendung ist durchaus nichts Vereinzeltes im heutigen gesellschaftlichen Leben. Obstruktion, Opposition, List, Täuschung (von Betrug und Raub ganz abgesehen), Rechtsanwendung mit Hilfe von Machtmitteln sind durchaus Gewalterscheinungen. Am wichtigsten aber ist, daß jener Grundsatz, der unser ganzes Wirtschafts- und Gesellschaftsleben beherrscht, der *freie Wettbewerb*, in Wahrheit auf reine Gewaltanwendung hinausläuft. Preisunterbietung und -überbietung, Verabredung (Kartellierung), Warenanpreisung sind Mittel des wirtschaftlichen Gewaltkampfes. Nun ist ja allerdings die unmittelbare Handgreiflichkeit im Kriege doch noch etwas anderes. Aber schließlich läuft es auf einen bloßen Formunterschied hinaus, ob es eine Festung ist, die ausgehungert wird, oder ein Konkurrent.

Krieg, Gewaltanwendung ist somit in diesem Lichte betrachtet kein Anachronismus, keine Stilwidrigkeit in unserer fortgeschrittenen Zeit. Das Gegenteil ist der Fall: Keine Wirtschafts- und Gesellschaftsordnung, solange es eine Geschichte gibt, war je so unorganisiert, hat je so viel Spielraum für Gewaltanwendung und freien Wettkampf gewährt wie unsere heutige.

So betrachtet ergibt sich schon ein ganz bestimmter soziologischer Anblick des Krieges: wie heute das wirtschaftliche und gesellschaftliche Leben im Innern auf Gewalt beruht, so auch das Leben der Gemeinschaft, des Ganzen nach außen hin. Zwar ergibt sich hier ein merkwürdiges Dilemma, sofern die Gewaltkämpfe im Innern alle individueller, partikularistischer Natur sind und so der Kampf für *gemeinsame Zwecke* leicht auf den Widerstand gerade der auseinander- und nur für sich strebenden Individuen trifft. Dieser Mangel an Gemeinsamkeit, diese

Selbständigkeit aller einzelnen Interessen ist eine wichtige Mitursache der Kriegsunlust und Kriegsscheu, die den modernen kapitalistischen Gemeinwesen heute eigen ist. (Neben anderen Ursachen, wie insbesondere die Größe. Hingegen sind die bloßen Kriegskosten wohl das geringste, das einem Staate, falls er überhaupt noch einer ist, Sorge machen wird.) Diese Vereinzelung im modernen Dasein kann aber schließlich nicht das Vorhandensein und Leben der Gemeinschaften als solcher, am wenigsten des Staates selbst, verhindern, und diese Gemeinschaften müssen ihre Kräfte unbedingt, wenn es nötig ist, zur Geltung bringen. Daher wird das soziologisch geschulte Denken niemals zu dem Ergebnis kommen, daß der Krieg jetzt und für absehbare Zukunft entbehrlich werden könne. Denn es schaut hier Kräfte am Werke, die auch sonst das Leben der Menschen bestimmen und zugleich mit dem Wesen der menschlichen Natur, die neben die Liebe immer den Haß und neben die Demut immer das ursprüngliche Streben nach Selbstbehauptung und Herrschaft stellen wird, innig verknüpft ist.

Ebensowenig wird aber derjenige, der gewohnt ist, die Weltgeschichte lebendig anzuschauen, über den Krieg so denken können wie die modernen Friedenstheoretiker. Wenn die Völker von Anbeginn bis zum gegenwärtigen Augenblick Krieg geführt haben, werden sie wohl schwerlich nach Beendigung des tripolitanischen und Balkankrieges ewigen Frieden schließen. Das ist deswegen ein zwingender Induktionsschluß (dem man nicht mit dem Einwande, jeder Fortschritt sei einmal zuerst gekommen, begegnen kann), weil sich an der innersten Grundlage und Wesenheit des Geschichtsprozesses vorläufig noch nichts geändert hat.

An diesem Punkte kommt nun, glaube ich, das geheimere, aber ausschlaggebende Argument der Friedenstheoretiker zum Vorschein: die Vorstellung, es habe sich die Grundlage des Geschichtsprozesses, die menschliche

Natur, wirklich geändert, die Meinung, wir seien unter dem Einflusse von Dampf, Elektrizität, Maschine, Verkehr im Innersten andere Menschen geworden, als unsere Vorväter waren. Diese Vorstellung hat ja auch bei der Begründung der umwälzenden Bestrebungen in der modernen Kunst eine verhängnisvolle Rolle gespielt. Im Grunde ist es aber ein recht blutig-dilettantischer Darwinismus, der hier ausgespielt wird. Gerade der moderne Naturforscher, der die Langsamkeit der Umbildung der Arten kennt, wird sich hüten, derartige Folgerungen aus der kurzen und in Wahrheit mehr die Oberflächen als die Tiefen berührenden modernen Entwicklung zu ziehen. Überdies sind wir in der Rasse entschieden zurückgegangen. Galton hat mit Recht erklärt, daß die Durchschnittsintelligenz des modernen Europäers ganz erheblich hinter der des Atheners antiker Zeit zurücksteht. Man erinnere sich einmal an die Leichenrede, die Perikles den ersten Gefallenen des Peloponnesischen Krieges in Athen gehalten hat, und frage sich, ob auch nur eine ähnliche Rede heute selbst nur vor Gebildeten (nicht vor dem Volke) möglich wäre und Verständnis fände.

Aber auch rein gesellschaftswissenschaftlich ist die Schlußfolgerung von den äußeren Fortschritten der Zivilisation auf die Umbildung des inneren Menschen und des Geschichtsverlaufes höchst mangelhaft. Das moderne Leben hat zwar in der Vermehrung der Bildungsgelegenheiten, der Steigerung des geistigen Verkehrs, dem Fortschritte der exakten Wissenschaften große geistige Umwälzungen vollzogen, es hat aber andererseits durch die allzu rasche äußere Entwicklung, durch völlige Veränderung der Berufsvorbereitung und der Lebensführung eine Traditionslosigkeit in unsere Bildung, unsere Kunst, unsere Lebensführung, unser Staatswesen gebracht, die uns die edelsten und tiefsten Grundlagen unserer nationalen Kultur verlieren ließ. Was ist uns heute die Romantik, die Klassik, die große deutsche Philosophie von Fichte bis Hegel — die einst Gemeingut aller Gebildeten war? Tröstlich ist nur der rege Historismus, der sich neuestens in allen Zweigen unserer Kultur wieder zeigt. Gerade er aber beweist, wie sehr wir heruntergekommen sind, und wie nötig wir es haben, überall Altes auszugraben, um den verlorenen Faden wieder anzuknüpfen.

Hat das Abreißen der Überlieferung inneren Rückschritt bewirkt, so hat außerdem noch die äußere Entwicklung durch Vervielfältigung der Interessen und Hypertrophie des wirtschaftlichen Lebens die Zwiste und Reibungen im staatlichen Leben vermehrt. Und so ist es von allen Seiten her gesehen falsch, im Kriege eine zeitwidrige Erscheinung, die in das moderne Leben nicht mehr passe, zu sehen. In Wirtschaft, Gesellschaft, Staat und innerer Entwicklung des Menschen zeigt sich genau das Gegenteil: alles ist mehr als in früheren Zeiten auf Gewalt und individualistische Interessenverfolgung abgestimmt.

Um von der formalen Bestimmung des Krieges, als *einer* Art der Gewaltanwendung neben anderen Arten, zu einer tieferen Erkenntnis zu kommen, müssen wir die Rolle oder Funktion, welche er im Staatsleben spielt, ins Auge fassen.

Einfach ist es, zu sehen, wie der Krieg über die „Gestalt der Landkarte" entscheidet, d. h. aber nichts Geringeres als über Ausbreitung, Herrschaftsbereich und Einflußsphäre der Staaten und der hinter ihnen stehenden Nationalitäten, Rassen und Kulturen; und somit: über das Ganze der politischen Entwicklung des zwischenstaatlichen, nationalen und kulturellen Lebens. Damit ist der Krieg aber Instrument und Mittel der internationalen Entwicklung, das Organ, mit welchem sie ihre Schritte macht, die Form, in der sich die Staaten, Völker- und Kulturkreise auseinandersetzen. Mit einem Wort: Entwicklungsträger in der Gestaltung der Verhältnisse der Völker untereinander.

Hiermit ist die eigentliche Funktion des Krieges, die Wurzel, der er im letzten Grunde sein Dasein verdankt, bezeichnet. Wer diese Funktion in voller Lebendigkeit erfaßt, ihre Notwendigkeit im Ganzen der gesellschaftlichen Entwicklung erkennt, der fühlt zugleich mit der tiefsten Wesenheit auch die Unentbehrlichkeit des Krieges. Stellen Sie sich, meine Herren, nur plastisch und wahr die warme, lebendige Gemeinschaft menschlichen Tuns, Fühlens und Denkens vor, welche einen Kulturkreis, eine Nation, einen Staat ausmacht. Wenn Staatenkraft gegen Staatenkraft, Nationalkraft gegen Nationalkraft, Herrschaftsanspruch eines Kulturkreises gegen Herrschaftsanspruch aufeinanderstößt — das erscheint dann wahrlich nicht mehr als etwas Künstliches, als tot-äußerliches Geschehen, als Angelegenheit der Fürsten und Ehrgeizigen, als etwas Vermeidliches! Das hat lebendige Wurzeln in der Notwendigkeit geschichtlicher Entwicklung. Es sind wirkliche Zwiste und Gegensätze, es ist ein Aufeinanderplatzen widersprechender Zielverfolgungen, Ansprüche, Interessen, die den Krieg gebären. Dabei sind es primärerweise gar nicht wirtschaftliche, sondern politische, nationale, kulturelle Ziele und Ausdehnungsbestrebungen, die zum Gegensatz führen, also Zwiste, die aus dem innersten Leben der Gemeinschaften als solcher — als Staaten, als Nationen, als Sprachengemeinschaften, als Rassen, als Kulturkreise — quellen und unter allen Umständen ausgefochten werden müssen. So mußte im Ganzen der griechischen Nation der Gegensatz zwischen dem spartanischen und athenischen Gemeinschaftskreise, so im Rahmen des Deutschtums der Gegensatz von Nord und Süd, Preußen und Österreich ausgetragen werden. Und um wie vieles größer sind erst die inneren Verschiedenheiten der Gemeinschaften zwischen verschiedenen Nationen und

Kulturkreisen, um wie vieles weniger bleiben andere Mittel als die letzten: der Gewalt.

Man könnte einwenden, daß heute die friedliche Ausdehnung der Kulturen, besonders die wirtschaftliche Durchdringung und Eroberung, an die Stelle der gewaltsamen Entscheidung durch Schlachten getreten sei. Wie unlebendig, wie unhistorisch wäre das gedacht! Das Leben der Gemeinschaften quillt immer aus denselben letzten Tiefen der menschlichen Natur und kann sich mit keiner wirtschaftlichen, auch nicht der kapitalistischen, Entwicklung ändern. Es sind immer noch dieselben lebendigen Interessenkämpfe wie früher, und wie sie der moderne Mensch heute im Privatleben kräftiger führt als jemals. Es wäre aber nicht nur unhistorisch gedacht, es wäre auch ein Verrat an den höchsten Gütern der Kultur. Denn es handelt sich dabei um Kämpfe höherer Rassen mit niederen, höherer Kulturen mit roheren. Allerdings hat nicht jeder Krieg diese Funktion und Würde; es gibt auch verfehlte Kriege, die sich gegen verwandte Gemeinschaften und Bundesgenossen wenden, es gibt auch Schlachten, die mehr dem Privatvorteil von Herrscherhäusern oder Kapitalsgruppen dienen als den Zielen des Ganzen der Gemeinschaft. (Dagegen ist die Form des Krieges, ob Angriff oder Verteidigung, für seine Berechtigung und Funktion ganz gleichgültig.) Aber solche Verfehlungen ändern nichts an der letzten Natur der Staatenkämpfe; jene Kriege, die uns jetzt in Europa drohen, sind lauter echte Nationalkriege.

Auf absehbare Zeit wird der Krieg allein dasjenige Organ sein, mit welcher die internationale Entwicklung ihre großen politischen Wirkungen erzielt. Schiedsgerichtsveranstaltungen und Verträge werden, so verdienstvoll und erstrebenswert ihre Anwendung ist, daneben immer nur eine geringe Rolle spielen. Denn sie können niemals für Fragen in Betracht kommen, für welche die Staaten,

Nationen und Kulturen nichts Geringeres als sich selbst einsetzen müssen.

Zugleich darf gerade der Darwinische Gesichtspunkt, der die Friedenstheorie im Grunde allein beherrscht, nicht außer acht gelassen werden. Gerade dem Kriege als der ultima ratio der Auseinandersetzung zwischen Völkern wohnt jenes daseinskampfliche, aufrüttelnde Element am meisten inne, das die für alle Entwicklung unentbehrlichen, auslesenden Wirkungen in sich trägt. Gerade von hier aus kann man leicht einsehen, wie Kampf zwar ein Unheil ist, aber ein notwendiges und ein solches mit den fruchtbarsten Funktionen.

In seinen Wirkungen als Entwicklungsträger ist der Krieg aber auch — das Ganze und die großen Linien ins Auge gefaßt — g e r e c h t. Dieser Gedanke, den auch Schiller in dem bekannten Wort aussprach: „Die Weltgeschichte ist das Weltgericht", ist den Philosophen und Historikern aller Zeiten geläufig gewesen [8]. Die großen Kriege entscheidet nicht rohe Gewalt und der Zufall der Schlachten, sondern der Gang der großen Entwicklung, alles Können und Wollen der Gemeinschaft. Aller Gemeingeist, alle Intelligenz, Friedensarbeit, Organisationstalent, Rassenwert, Bildungshöhe, kurz das ganze Kulturniveau, die ganzen Kräfte der Gemeinschaft, werden in die Wagschale geworfen. Daß das Perserreich den Griechen Alexanders weichen mußte, war gerecht; daß später die alten Griechen untergehen und zuerst den Römern sich beugen mußten, dann von Hunnen und Slawen überrannt wurden, war ebenso gerecht, da sie schon im Innersten ihrer Rassenkraft angegriffen und verdorben waren; daß dann die Römer den germanischen Naturvölkern erlagen, war wiederum gerecht, und so erging es mit allen großen Entscheidungen der Geschichte. Die Katastrophe der Preußen im Jahre 1806 bei Jena war gerecht und traf verrottete Zustände, an deren Stelle neue treten mußten (Stein-Hardenbergsche

Reformen!), welche allein jene Kräfte entfesseln konnten, die 1813 den Sieg brachten. Mit ebensolcher Notwendigkeit mußte Österreich im Jahre 1866 den Siegern unterliegen, weil es in allen Punkten der Schwächere war. Aber es konnte aus dieser Strafe der Weltgeschichte den Ansporn zu vielfacher Modernisierung, zu neuem kulturellen, politischen und wirtschaftlichen Aufschwung nehmen, wie das symbolische Wort es richtig andeutete: „Uns hat der preußische Schulmeister geschlagen.“ Der Krieg kann nicht anders als gerecht sein, denn in ihm entscheiden sich die Kämpfe des Schwächeren mit dem Stärkeren, des Höheren mit dem Niederen. Von diesem Gesichtspunkte aus angeschaut, kann niemand, dem die Kultur und ihre Werte am Herzen liegen, den Krieg verwerfen. Von welchen Gemeinschaften und Rassen aber die Welt besetzt und beherrscht wird, ist für die Gestaltung keines einzigen Menschenlebens gleichgültig.

So ergibt sich wieder, daß der Krieg noch lange kein Anachronismus sein wird, sondern jenes Geschehen, das dem Stärkeren und Besseren zu seinem Platze verhilft.

Das ist die Ansicht des Krieges in seinen Funktionen nach außen hin. Aber geradezu wunderbar sind die Wirkungen, die er nach innen hin hat. Ihrer sind viele, wie schon der Blick auf die inneren Reformen, z. B. nach 1806 in Preußen, nach 1866 in Österreich, gezeigt hat. Die bedeutendste ist aber die, welche auf die Enthüllung der inneren Natur eines Staates geht. *Indem die Staaten für den Krieg alle ihre inneren Kräfte zusammenfassen und nach außen zum Schlagen bringen müssen, wird der Aufbau ihres eigenen Kräftesystems klar.* Nun muß sich zeigen, was zum Staate gehört, welche Gruppen der Gemeinschaft für ihn einstehen. Das klassische Beispiel dieser Kräfteenthüllung durch den Krieg ist wohl Österreich.

Historisch betrachtet ist Österreich schon seit Karl dem Großen ein deutscher Kolonistenstaat gegen die Ostvölker. Im Laufe der Jahrhunderte hat sich an dieser seiner Natur, die aus der Funktion einer Mark und Schutzwehr für das Reich gegen Türken- und Slawenflut folgte, nichts geändert. Was heißt aber: Kolonistenstaat? Das bedeutet einen Staat, der durch Eroberung mit dem Schwerte gegründet und auf die Herrschaft der Eroberer über die Unterworfenen aufgebaut wurde. Eine andere Behauptung kolonisierten Bodens inmitten fremder, feindlicher Völker ist undenkbar und unnatürlich. Als fortschreitende erobernde Kolonisation vollzog sich auch die ganze Geschichte Österreichs. Als Prinz Eugen nach endgültiger Besiegung der Türken weite Ländergebiete im Süden Ungarns, in Serbien, Kroatien und in Bosnien besetzte, schlug er seinem Souverän Karl VI. die Kolonisierung dieser menschenleeren Landstriche mit schwäbischen Bauern vor. So geschah es auch, nur in viel zu geringem Maßstabe, bis später Maria Theresia und Kaiser Joseph II. im großen kolonisierten.

Diese josefinische Idee des österreichischen Staates erfaßte mit voller Kraft die wahre Natur Österreichs als eines Kolonistenstaates, der nur auf die straffe Vorherrschaft der Deutschen, als den Gründern und zugleich der weitaus höchstwertigen Rasse in dem bunten Gewirre, gegründet werden kann. Solange der Staat dieser seiner Natur nachlebte, gedieh er. Als später die Metternichische Ära einsetzte, wurde die Art und das Kräftesystem des Staates zwar nicht verkannt, aber nichts Bedeutendes zu ihrer Stärkung und Fortbildung getan. Die Kolonisation hörte auf, absolutistische Verblendung beherrschte zu sehr die Leitung des Staates. Damals aber haben gerade die napoleonischen Kriege die Fruchtbarkeit der josefinischen Staatsidee gezeigt: eine wunderbare Festigkeit Österreichs, das unter deutscher Vorherrschaft und

Führung zu größter Kraftentfaltung fähig war. Schon mit dem Jahre 1848 aber wurde man immer instinktloser, immer stumpfer gegen die innere Artung des Staates, sein wahres Kräftesystem wurde von Liberalismus und Humanitätsduselei gänzlich verkannt (wie anders haben es die instinktvolleren Magyaren gemacht!), und als in den letzten Jahrzehnten aus dieser Gleichgültigkeit gar ein ausdrückliches Regieren gegen die Natur des Staates wurde und die Regierungen der Slawisierung Vorschub leisteten, — da legte man den Grund zu jenen schmachvollen, meuterischen Zuständen, die wir jetzt mit eigenen Augen sehen müssen. Schon die letzte Kriegsgefahr zur Zeit der Annexion (1908) hat die wahren Kräfte dieses Staates wieder enthüllt und, indem sie die Deutschen als die einzigen Träger dieses Staates erwies, die Richtigkeit der josefinischen Staatsauffassung gezeigt. Aber noch deutlicher und furchtbarer zeigen dies die heutigen Tage, wo der Krieg mit eherner Faust an unsere Tore pocht. Wo sind nun allein die Kräfte dieses Staates? Bei den alten Kolonisten, die ihn gründeten, denen er zu Recht gehört und die ihn allein verteidigen können! Wir Deutschen müssen wie alle unsere Vorväter seit tausend Jahren mit dem Schwerte in der Hand diesen Boden festhalten, ihn immer aufs neue wieder erobern, um ihn zu beherrschen. Die Enkel haben kein Recht, die blutige Arbeit ihrer Vorfahren preiszugeben. Jeder von uns, der das verruchte, staatsverräterische, österreichfeindliche Gebaren der Tschechen, das auch vor dem Äußersten nicht zurückschrecken wird, wenn es die Zeit für gekommen hält, mit eigenen Augen, so wie wir hier in Brünn, mit angesehen hat, muß zu der unerschütterlichen Überzeugung kommen: daß Österreich, wenn es ein einheitlicher, kräftiger Staat bleiben will, diesen Pfahl aus seinem Fleische reißen muß. So weit ist es gekommen, daß nur ein schroffes Entweder — Oder verbleibt. Wehe Österreich, wenn es nicht mit Entschiedenheit wählt. Wer jetzt noch, nachdem die Kriegsgefahren das System und den inneren Aufbau der Kräfte des Staates mit Blitzeshelle erleuchtet haben, von der gleichmäßigen Entwicklung aller Nationen spricht, der verkennt arg das Wesen unseres Staates und hilft ihm sein sicheres Grab zu graben. Österreich wird mit den Deutschen entweder stehen oder fallen. Daher brauchen wir, dem kommenden Kriege gegenübertretend, unseren Patriotismus nicht erst zu betonen. Uns ist der Patriotismus eingeboren, denn es ist ja unser Staat, unsere Schöpfung, unser erobertes Land; wir allein halten diesen Staat in der Hand, wir allein auch können und wollen ihn retten. Wir müssen diesen Krieg herbeiwünschen, schon um zu beweisen, daß auf uns allein seine Last ruhen wird, wir allein ihn ausfechten müssen, mit der ganzen Kraft, welche die germanische Herrscherrasse durch die Jahrtausende hindurch bewährt hat. Indem wir aber so zeigen, daß wir diesen Staat halten und verteidigen, müssen wir uns auch anschicken, uns wieder ganz als Herren darin einzurichten.

Auch für das Deutsche Reich wird der kommende Krieg, als eine Auseinandersetzung zwischen der germanischen und slawischen Welt, die innere Natur seiner Gemeinschaft und das wahre System seiner gesamten Kräfte enthüllen. Er wird zeigen, daß dieses Kräftesystem nicht allein aus seiner gegenwärtigen staatlichen Organisation erfließt, sondern nur aus der Zusammenfassung aller nationalen Elemente, aus dem großen Ganzen der Nation. Das Deutsche Reich für sich findet sich in diesem Krieg deutlich als Klein-Deutschland, und so findet es auch sein wahres Verhältnis zu Österreich wieder als zu einer wenn auch staatlich selbständigen Mark und Grenzwehr, nicht zu einem Bundesstaate schlechthin, sondern zu einem Staate notwendig deutscher Führung, einem deutschen Pflanz- und Kolonistenstaate. Die Gleichgültigkeit gegen unsere nationalen Kämpfe im Innern wird sich in Teilnahme verwandeln und drinnen wie draußen jede Politik von der Einsicht beherrscht sein, daß nur das verbündete Groß-Deutschland, Alldeutschland, die kommenden Gefahren der beiden Staaten und der ganzen Nation wird bestehen können. Bismarck hat ja dieses Zusammenwirken in Form eines festen Bündnisses organisatorisch sichergestellt. Wir dürfen aber dabei nicht stehen bleiben. Wir müssen es tiefer mit nationalem Geiste durchdringen, es durch ein Zoll- und Wirtschaftsbündnis noch weit inniger und fester gestalten. Vor allem muß sich Deutschland den josefinischen Begriff unseres Staates aneignen, um unsere Aufgabe, die zugleich eine allgemeine nationale ist, richtig zu würdigen, um zu wissen, daß Österreich überhaupt nur als streng deutscher Staat Bundesgenosse sein kann und muß, andernfalls aber Feind.

So wie der Krieg die Natur und den Aufbau eines Staates enthüllt und bewährt, so auch aller anderen Gruppen und Gemeinschaften. Die politischen Parteien müssen sich nun in ihrer wahren Bedeutung für die Staatsgemeinschaft zeigen. Auch erhalten sie durch die großen Aufgaben, vor die sie gestellt sind, Anstoß zu innerer Umbildung und innerem Wachstum. So ergeht es auch allen anderen Gruppen. Jede Familie, jede Freundschaft, jeder engere und weitere Kreis schickt einen Kämpfer ins Feld und wird im Innersten angerührt. Alle Bande werden wahrer, ehrlicher und inniger. Und indem so alle Gemeinschaften eine Welle dieses ungeheuren Erdbebens abzuleiten und ihre Standhaftigkeit zu erproben haben, wird das gesamte Gesellschaftsleben davon ergriffen und bewegt.

Die tiefsten und nachhaltigsten Wirkungen hat der Krieg auf die Einzelnen. Das sind die psychologischen Wirkungen, von denen die soziologischen ausgehen.

Jeder, der mit der Waffe in der Hand dem Feinde und dem Tode entgegentritt — dessen Gesinnung wird mehr aufgerüttelt, als nur irgendwelche Eindrücke im Frieden zu erreichen vermöchten. Der Mensch spürt nun, soweit es überhaupt im Vermögen seiner Natur liegt, die Vergänglichkeit dieses Lebens; er spürt eindringlich, als ob es eine körperliche Empfindung wäre, wie seine letzte Grundlage nicht hier liegt, sondern in dem, was wir vom Tode erwarten; er spürt so das reine Verhältnis des menschlichen Daseins zum Unvergänglichen, Ewigen in der Welt, und wie er darin allein die letzte Grundlage dieses Lebens erblicken kann. Jede Faser seiner Empfindung wird angespannt. Er sieht sich auf dieser Erde im klareren Licht und wird, wie er so mit Gott und der Welt ins Reine kommt, zur höchsten moralischen Leistungsfähigkeit angespornt. Der Verzicht auf das Kleinliche und Immanente des Lebens wird angesichts des Todes leicht, ergibt sich von selbst. (Auch wo verrohende und andere Wirkungen sich einstellen, bleibt der gleiche Grundton.) Der Krieg hebt jeden Einzelnen über das Maß seiner Natur hinaus. Der Krieg erreicht beim gemeinen Manne das, was im Frieden die Philosophie nur bei wenigen Auserwählten erreicht.

Diese Wirkung setzt sich von der Gesinnung auch auf das Handeln fort. Jenes „Heute rot, morgen tot“, das in das Herz jedes Soldaten mit ehernem Griffel eingegraben ist, muß auch das Innerste der menschlichen Natur zur höchsten Kraftanstrengung, zur steten Einsetzung des Ganzen anspornen. Wer sich auf den Tod angegriffen fühlt, in dem wächst eine Wolke des Zornes auf, in der sich die Tatkraft seiner ganzen Natur verdichtet. So ist der Krieg, weil er das Leben auf seine wahre Grundlage stellt, den Tod, zugleich das höchste und reinste Lebensphänomen, eine kolossale Kraftentfaltung, die von der Erde zum Himmel reicht.

Man sage nicht, daß der moderne Krieg nicht mehr eine solche innere Kraftanspannung erfordere, da er gewissermaßen industriell und sehr aus der Ferne geführt werde. Das ist ein Irrtum. Im Kugelregen, unter Kartätschen und Kanonendonner auszuhalten und vorwärts zu drängen, erfordert ebensoviel Mut als gegen Lanzen und Schwerter anzustürmen.

Auf diese Weise führt der Krieg, indem er die metaphysische Empfindung aufs gewaltigste in einem Volke weckt, zur Geburt der Philosophie und, indem die Tatkraft zu dieser Empfindung hinzutritt, auch der Kunst. Damit haben wir aber das Verhältnis des Krieges zu den wahren Kulturelementen (denn alles übrige ist nur äußere Entwicklung, nur Zivilisation): Philosophie und Religion, beides der metaphysischen Empfindung folgend; Kunst und Moral — beides der gleichen Empfindung und dem Ansporn zum Handeln folgend. So wird der Krieg Geburtshelfer aller Kultur, die allerdings erst in der allseitigen Friedensarbeit zur vollen Entfaltung kommen kann.

Dieselbe Aufwühlung der Empfindung und Anspannung der Tatkraft, die den Kämpfern widerfährt, widerfährt auch den Zurückbleibenden. Sind es ja ihre Söhne, Brüder, Verwandten, Freunde, welche den Gefahren entgegengehen; und so wird in ihnen, als wenn sie selbst dem Tode gegenüberständen, dieselbe metaphysische Stimmung und mystische Ahnung geweckt, die der Mensch braucht, um sich ganz seiner vernünftigen Natur würdig zu finden. Und sie müssen auch hinter der Armee für den Krieg arbeiten, ihr Bestes leisten und alle ihre Kräfte entfalten. Drängt ja auch die eigene Not dazu, sich zusammenzuraffen und sogar Hände, die sonst still gelegen wären, von Frauen, Kindern, Greisen zur Arbeit zu bieten.

All dies hat die bedeutendsten Rückwirkungen auf die Gesamtheit. Zuerst greift eine Festigung der öffentlichen

Moral um sich, und ein Aufschwung des Gemeingeistes und Staatsgefühls, der von oben bis unten die Staatsregierung, die Verwaltungen, die Parlamente und Körperschaften, die Parteien und das politische Leben erfüllt. Selbst das wirtschaftliche Leben wird davon ergriffen, die Geschäftsmoral gehoben, alles wird zur höchsten Opferwilligkeit angespornt, unwürdiger Luxus verpönt, und ein Geist der Solidarität, ein brüderlicher gerechter Geist schließt alle Glieder der Gemeinschaft fester aneinander. Dazu kommt der Kitt des gemeinsamen Leides, das die Bürger während der schweren Zeiten des Krieges zu tragen hatten. Auch von dieser bloß negativen Seite des Krieges her entspringt wieder eine positive Kraft. Nun wird lebendig gefühlt und erkannt, was man früher nur halbbewußt im Sinne trug: wie innig die Gemeinsamkeit und Gegenseitigkeit Aller im Rahmen der Verbände und Gruppenzusammenhänge, wie umfassend und tief gegründet in Wahrheit ihre Verbindung im Staate sei.

So kommt es, daß Staaten, Nationen und Kulturen nach Kriegen (allerdings nicht nach aufreibenden, ihre Grundlagen zerstörenden Kriegen) den mächtigsten Aufschwung erfahren. Die wirtschaftliche Belebung haben wir schon als „Gründerzeit" kennen gelernt. Das Bedeutendste aber ist der innere, kulturelle Aufschwung, den man in und nach kriegerischen Zeiten immer festgestellt hat, und der daraus folgt, daß der Krieg im moralisch-metaphysischen wie im praktischen Bereiche neue Kräfte geweckt hat. Der Aufschwung vor und nach 1813 ist wohl das schönste Beispiel hierfür. Er hat die Romantik geboren, er hat die Philosophie von Fichte bis Hegel mit allen ihren edlen Blüten in den Lehren von Schleiermacher, Krause, Schopenhauer und anderen hervorgebracht und, was das größte ist: zum wirklichen, lebendigen Bestandteil der nationalen

Bildung gemacht. Die Griechen vor und nach den Perserkriegen waren andere. Welches sonstige Geschlecht hätte die Akropolis und ihre unendliche Fülle von Kunstwerken schaffen können als jenes, das mit Weib und Kind Athen verlassen, die Stadt dem Feinde preisgeben und dann in einer Seeschlacht sich selbst nochmals ganz und völlig einsetzen mußte! Nur diese dem reinen Begriff des menschlichen Lebens nahe gerückten Menschen konnten Athen so wieder aufbauen, wie es wirklich aufgebaut wurde, und die herbe Schicksalstragödie des sophokleischen „Ödipus" als Gemeingut der Bildung in sich aufnehmen. Das Blut der gefallenen Krieger ist die feurige Arznei für die kreisenden Säfte des staatlichen Organismus. Kultur und Staat werden von unten herauf neu geboren. Tausendfältig sind die reinigenden und regenerierenden Wirkungen des Krieges, und die Geschichte zeigt, daß neue Kulturperioden immer innig mit großen Kriegen verknüpft gewesen sind. Ja, dieses: dem Tode-ins-Auge-Sehen ist es allein, was einer Zeit den wahrhaft klassischen Grundzug verleihen kann. Denn dieser ist ein herber Grundzug des Lebens, abgewandt allem Kleinlichen und Immanenten und vom Bewußtsein des Wechselvollen des menschlichen Schicksals getragen. Zuletzt hat selbst der russisch-japanische Krieg Japan die mächtigsten Anstöße gegeben und sogar Rußland, das seiner besonderen Natur nach viel größeren Ansporn zur Regeneration braucht, nicht ohne stärkenden Einfluß gelassen.

Gewiß soll die Furchtbarkeit des Krieges, die ihm unter allen Umständen bleibt, das barbarische Unheil, das er ungezählt vielen bringt, nicht verdeckt und bemäntelt, auch soll der unendliche Vorteil ungestörter Friedensarbeit nicht geleugnet werden. Die Akropolis konnte nur im Frieden gebaut werden. Der Friede macht erst fruchtbar und erntet, was der Krieg gesät. Aber ein anderer, ein endlos langer Friede, ohne all die Aufwühlungen und gerechten Richtigstellungen des Krieges hat gewiß auch Gefahren in sich. Am meisten die Gefahr der Vereinzelung, statt höherer Verbindung aller, statt höherer Belebung der Gemeinsamkeit, der Erstarrung statt Steigerung der Lebendigkeit. Darauf hat Adam Müller, der die erlösende Befreiung aus alten Fesseln durch die napoleonischen Kriege lebhaft empfand, eindringlich hingewiesen [9].

So tragen Staaten und Nationen aus der Erweckung, Aufwühlung und Zusammenfassung aller Kräfte durch den Krieg einen unendlichen Gewinn an Bewegung, Bereicherung, Lebenskraft und Erhöhung des Gemeingeistes davon. Gerade das erweitert zugleich dem einzelnen die Lebensatmosphäre, in der er allein gedeiht.

Damit, meine Herren, haben wir das Wesen und die Wirkungen des Krieges soziologisch und politisch kennen gelernt. Wir sahen seine vernichtenden und nachteiligen Wirkungen, denen zum Teil eine durchgreifende Kriegsversicherung abhelfen kann; so seine formale Natur als Gewaltanwendung, womit er anderen normalen Erscheinungen ähnlich erschien; seine Funktion als Entwicklungsträger und eigentliches Element des Daseinskampfes zwischen Staaten und großen Kulturkreisen; seine belebenden und reinigenden Wirkungen nach innen, die mit der Enthüllung des wahren Kräftesystems eines Staates gegeben sind, wie mit der tiefen Aufrüttelung aller Einzelnen; und endlich den kulturellen und zivilisatorischen Aufschwung der Gesamtheiten, die aus dem allen folgen.

Hiermit ist aber der Gegenstand noch nicht erschöpft. Wir müssen dort, wo es sich um Sein oder Nichtsein des Staates und um Sein oder Nichtsein des persönlichen Daseins, des Lebens handelt, auch das Wesen des Staates und das Wesen des persönlichen Lebens zu erkennen suchen.

So hat schon fest und klar Fichte in seinen denkwürdigen „Vorlesungen über den wahrhaftigen Begriff des Krieges" (1813) den Gedankengang zur Gewinnung eines rechten Urteils über den Krieg aufgestellt: „Wer vom Staate eine richtige Vorstellung hat, hat sie auch vom Kriege; wer vom Leben eine richtige Vorstellung hat, hat sie auch vom Staate."

Wie stellt man sich aber heute den Staat vor? Im wesentlichen leider stets nur in jener oberflächlichen, individualistischen Weise, die von der scheinbaren Wahrnehmung ausgeht, daß unter uns im Grunde jeder nur für sich lebe und seine eigenen Ziele verfolge. Auf diese Weise wird im Staate nur jene ordnende Gewalt, jene nützliche, durch Vertrag der Individuen erklärbare Sicherheitseinrichtung erblickt, die über Leben, Freiheit und Güter des Bürgers zu wachen hat, und die nun leider einmal nicht zu entbehren ist. Dann wird ein Krieg zwischen Staaten notwendig als ein Krieg zwischen Herrschergewalten betrachtet. Ein solcher Krieg erscheint als zweckloser oder als unwichtiger Wechsel der ordnenden, regierenden Macht oder Obrigkeit. Wenn uns Rußland unbestechliche Beamte schickte, eine die Sicherheit und das Eigentum gewährleistende Regierung errichtete, kurz eine ebenso nützliche Obrigkeit einsetzte wie die jetzige, könnten wir es danach wohl zufrieden sein.

Diese Auffassung vom Staate widerspricht aber der Wahrheit völlig. Der Staat ist unendlich viel mehr als nur Ordnungs- und Herrschergewalt. Er fällt nicht zusammen mit der Obrigkeit, sondern die Gemeinschaften, die dahinter stehen und ihren Willen in ihm zum Ausdruck bringen, bilden das Wesentliche. Er ist also gar keine künstlich eingesetzte, dem Leben angefügte auswechselbare Herrschergewalt. Er ist die oberste Zusammenfassung aller Geistes- und Kulturgemeinschaft, die Form und Organisation, die sich diese lebensvolle Gemeinschaft gibt.

Und Gemeinschaft selbst ist wieder nicht eine bloße Sache des Nutzens, sondern ein schöpferischer, geistiger Prozeß, ein inniger, organischer Zusammenhang der Geister. Krieg ist daher eine Auseinandersetzung zwischen solchen höchsten kulturellen Gemeinschaften, nicht eine Privatangelegenheit der ordnenden und herrschenden Gewalten. Daß die Herrscher über Krieg und Frieden vornehmlich entscheiden, bedeutet nicht, daß der Staatenkampf ihre eigene Sache sei; sie tun dies als Träger und Repräsentanten des Staatswillens, als Diener des Staates, der kulturellen Gemeinschaft, kraft ihres höchsten Amtes.

Deutlichste Beispiele für diese wahre Auffassung von Krieg und Staat bietet die Geschichte genug. Was geschah in der Schlacht auf den katalaunischen Feldern? Damals hat sich die germanisch-römische gegen die hunnische Welt zu verteidigen gehabt — war das eine Angelegenheit von Ordnungs- und Herrschergewalten? War es nicht viel mehr ein Lebenskampf zwischen verschiedenen geistigen Gemeinschaftskreisen, zwischen Kulturen? So muß man den lebendigen Begriff des Krieges schöpfen! So unversöhnlich und erbittert waren die Gegensätze, daß nach der Sage die Geister der Erschlagenen noch drei Tage in den Lüften fortkämpften. Wahre Ströme von Blut mußten fließen, bis die starke Kraft der Goten endlich das Feld behauptete — waren alle diese furchtbaren Opfer nicht gerechtfertigt? war eines davon zuviel? Kein einziges! Jeder mußte sich zu solchem Opfer drängen, es war eine Ehre, es darbringen zu dürfen.

Nun ließe sich vielleicht einwenden: Schlachten wegen eines serbischen Hafens und jene auf den katalaunischen Feldern, das seien doch recht verschiedene Dinge. Einerseits ist nun der Grad der Unversöhnlichkeit der Gegensätze nicht ausschlaggebend. Andererseits ist gerade heute die auslösende Ursache überhaupt gleichgültig (obwohl jene Frage durchaus wichtig ist). Was uns dieser Krieg bringt, ist ein Zusammenstoß der slawischen und germanischen Welt, der unter allen Umständen **unvermeidlich** ist.

Auch angesichts der krassen Wirklichkeit möchten leicht Einwände gegen jenen unbedingten Begriff des Kriegsopfers gebracht werden. Wer dem Abmarsch so vieler glänzender Regimenter zusieht und das kommende Hinschlachten so vieler blühender Jugend vorempfindet, den mag wohl ein Schauer im tiefsten Herzen erfassen. Noch trostloser muß das dauernde Elend erscheinen, das den Kämpfen nachfolgt. Hier ein Mann mit abgeschossenen Armen, dort eine Frau mit verwaisten Kindern, da alte gebrechliche Eltern, die ihre Söhne beweinen — das sind wohl schreckliche Dinge, dauerndes Lebensglück ist für immer zerstört. Rechtfertigt der Krieg auch *diese* Opfer? Es kann nicht anders geantwortet werden als: *ja!* Denn es sind Opfer, die solidarisch gewagt werden, gemeinsam — für die eigene Gemeinsamkeit. Sind wir doch sonst in viel geringeren Dingen an gemeinsames Aushalten und an Treue gewöhnt. Jede Wanderergesellschaft im Gebirge verlangt Einstehen füreinander; man bindet sich mit Seilen zusammen, weniger vielleicht, um sich zu retten, als gemeinsam zurückzukehren oder gar nicht. Jede Freundschaft, jede studentische Verbindung verlangt *Treue um Treue* — nur dem Staate, der Nation, den höchsten Gemeinschaften, sollen wir sie nicht gewähren? Das ist der wahre Begriff des Kriegs*opfers*: als einer Pflichtgabe, die aus der Treue in der Gemeinsamkeit folgt, aus dem wahren Begriff des Staates und des Krieges. Ihren höchsten und reinsten Ausdruck hat diese Idee des Kriegsopfers wohl in jener spartanischen Sitte gefunden, nach der die Frauen und Angehörigen der für das Vaterland gefallenen Krieger bekränzt und festlich geschmückt mit heiteren Mienen auf dem Markte erschienen. Da regte sich ein Gemeinschaftsgefühl von jener fast übermenschlichen Größe und Wahrheit, wie sie nie mehr übertroffen werden kann, und die zu allen Zeiten das Ideal jedes Staates sein muß.

Dieser Begriff des Staates, des Krieges und Kriegsopfers fehlt allen bedingungslosen Freunden des Friedens und ebenso, was noch bedauerlicher ist, den gegenwärtigen sozialistischen Parteien. Gerade dies ist besonders verkehrt und widerspruchsvoll. Ich bestreite, daß die Sozialisten Grund hätten, Gegner jedes Krieges zu sein. Gerade sie nicht, deren Forderungen alle auf den Begriff eines antiindividualistischen, organischen Gemeinwesens gehen, für das sogar solidarisch organisierte Produktion verlangt wird. Lassalle war es, der jene individualistische Auffassung, nach welcher der Staat bloße Ordnungsgewalt ist, als „Nachtwächtertheorie" verspottete. Lassalle hat daher auch vom Kriege eine richtige Vorstellung gehabt und, indem er den König von Preußen offen zum nationalen Einigungskampfe aufrief, auch einen streng nationalen Begriff der Staatsgemeinschaft aufgestellt. Ähnlich Rodbertus. Diese gute Staatsidee des Sozialismus ist erst durch den falschen und unglücklichen Begriff von Klassenkampf und Klassenstaat verdorben worden und noch mehr durch die materialistische Geschichtsauffassung, — jene unwirkliche, öde, ja verruchte und im Grunde auch sinnlose Ansicht des Staates und der Geschichte als primärerweise von wirtschaftlichen Kräften bewegten Körpern. Die Wurzeln des Staates liegen in der geistigen Gemeinsamkeit, in den kulturellen Elementen: Philosophie (Religion), Kunst, Wissenschaft, Moral, die in ihm ihr Leben und ihre Gestaltung finden. Nie hat sich eine Kultur wirtschaftlich aufgebaut und entwickelt. Das wirtschaftliche Element ist weit indifferenter, neutraler, äußerlicher, bloß Bedingungen, nicht die Kultursubstanz selber Bietendes. Selbst reine Handelskriege sind stets zugleich politische und kulturelle Expansionskriege gewesen.

Alexander ist nicht aus wirtschaftlichen Gründen nach Asien gegangen, Napoleon nicht aus wirtschaftlichen Gründen nach Deutschland, und der Kampf Preußens gegen Österreich war (zumal nach der Gründung des Zollvereins) kein primär wirtschaftlicher, sondern ein politischer.

Der Sozialismus verleugnet mit dem materialistischen Staatsbegriff seine eigenste, letzte sozialphilosophische Grundlage. Ich aber bin fest überzeugt, daß es nicht allzu schwer wäre, der richtigen, ganz im Begriffe des echten Sozialismus liegenden Auffassung von Staat und Krieg wieder Geltung zu schaffen. Unsere staatswissenschaftliche und soziologische Bildung und Wissenschaft ist aber demgegenüber selbst in Ohnmacht und Verwirrung. Sie selbst kann den Individualismus vom Universalismus nicht auseinanderhalten, deren verschiedene Formen (z. B. Freihandel und Schutzzoll) sozialphilosophisch nicht durchdringen, und erscheint so fast wehrlos gegen jene selbstsicher auftretenden pseudosozialistischen Theoreme. Hier ist, wie für die Hebung des wirklichen Staatsgefühls des Volkes und der Regierungen, so auch in der Wissenschaft und Sozialphilosophie noch eine große Aufgabe zu erfüllen.

Und worin wurzelt wieder diese ganze individualistische, materialistische und wesenlose Staatsauffassung? In einer ebenso wesenlosen und materiellen Ansicht vom Leben. Wer das Leben als etwas auffaßt, daß letzter Zweck, sich selbst Zweck ist, der hat nichts Höheres, ihm muß die Erhaltung des Lebens als höchstes Ziel erscheinen und der Staat umgekehrt als Mittel, es zu schützen. Entsprechend muß der Einzelne als auf sich selbst gestellt, sich selbst genügend (autark) gedacht werden, und der Staat wieder als sein von ihm eingesetztes (delegiertes) Ordnungs- und Schutzinstitut. Andernfalls wäre weder sein Leben Selbstzweck (wenn er seine Existenz an andere knüpfte, sie diesen kraft der Gemeinschaftlichkeit mitverdankte — denn dann wäre es nicht autark) noch der Staat bloßes Mittel. Denn als wahre Kultur- und Geistesgemeinschaft (statt eines Schutzinstitutes oder klassenmäßigen Ausbeutungsinstrumentes) wäre er ein Element und Teil des Lebens selbst. So erscheint der Individualismus wie der ökonomische Materialismus nach allen Seiten hin vollendet: zuerst das Leben und das Individuum, das dies Leben für *sich* führt, als selbständiger und höchster Zweck; dann der Staat als das reine Mittel seiner Sicherung sowie der Sicherung seiner Güter und seiner Ordnung; für diesen Staat kann es kein Lebensopfer geben, denn er ist als bloßer Diener des Lebens keines wert.

Die Wirklichkeit zeigt überall das entgegengesetzte Antlitz: weder ist das Leben hier letzter Zweck für sich, noch ist der Staat ein bloßes Mittel dafür.

Das Leben als letzter Zweck für sich hätte keinen Wert mehr für die menschliche Vernunft. Es wäre sinn- und würdelos, wenn es nicht im Rahmen des ewigen Weltgeschehens gedacht werden müßte — wie es der Krieg lehrt. „Das Leben des Individuums", sagte Fichte, „gehört nicht unter die Zeiterscheinungen, sondern ist schlechthin ewig ... Wer da lebt, wahrhaftig lebt im ewigen Zwecke, der kann niemals sterben: denn das Leben ist schlechthin unsterblich." Also, schließt er weiter: das irdische Leben und seine Erhaltung „kann in dieser Ansicht nie Zweck sein, sondern es ist nur Mittel"[10]. Nur Mittel für die höheren, ewigen Zwecke, denen wir nachleben.

Staat und Nation aber sind nicht bloße Mittel des Lebens, sondern das Leben selbst, Fleisch und Blut unseres eigenen Lebens, jene universale Gemeinsamkeit der Geister, in der sie ihr Feuer erst entzünden, ihr Dasein erst *auferwecken* (nicht nur fristen und ausgestalten).

Im Kriegsopfer wird also das Leben nicht dem Staate als einem Mittel des Lebens geopfert, sondern dem Staate als dem Träger des Lebens selbst. Das Leben wird sich selbst geopfert, seinen eigenen höheren und letzten Zwecken. Diejenigen Opfer, die wir dem Leben bringen, müssen wir auch dem Staate bringen.

Damit halten wir den tiefsten Begriff des Krieges fest.

Damit, liebe Kommilitonen, bin ich auch überzeugt, Ihren geheimsten Empfindungen, wie immer sie von Theorien und politischen Ansichten überdeckt werden mögen, entgegengekommen zu sein. Denn es bedarf bloß des lebendigen Instinktes, der freien Aufwallung des Gefühls, damit wir dessen deutlich inne werden: Dieses Leben wäre uns nichts, wenn es Selbstzweck wäre, es wäre zu verachten, wenn man dafür nicht — das Leben einsetzen könnte.

Anmerkungen.

[1] Steinmetz (Die Philosophie des Krieges, Leipzig 1907) kommt nach eingehender Unterstützung zu dem Ergebnisse, daß die absolute Blutigkeit der Schlachten zunimmt, weil die Größe der teilnehmenden Heere zugenommen hat. Vgl. S. 71 u. S. 285 ff.

[2] Die genauen Zahlen sind für das deutsche Heer 1870/71 folgende: 24031 Tote, 89728 Verwundete, 14138 Vermißte, zusammen 127897 Mann, von denen schließlich 40881 Tote blieben. — Für das französische Heer gibt es zuverlässige Zahlen meines Wissens nicht. Lagneau, Les conséquences des guerres 1892 (in: Séances et traveaux de l'Académie des Sciences Morales et Politiques) p. 487, berechnet einen Gesamtverlust von 139000 Toten und 143000 Verwundeten, Zahlen, die als zu hoch mehrfach bestritten werden. Vgl. Steinmetz, a. a. O., S. 49. — Für den russisch-japanischen Krieg werden die russischen Verluste summarisch mit 450000 Toten und Verwundeten, die japanischen mit 250000 Toten und Verwundeten berechnet, aber ohne Gewähr für die Richtigkeit und jedenfalls zu hoch. Vgl. W. Fischer, Die Greuel des russisch-japanischen Krieges, S. 135, zitiert bei Steinmetz a. a. O.

[3] Vgl. z. B. Thukydides, II, 46.

[4] Vgl. A. Wagner, Die finanzielle Seite des deutsch-französischen Krieges. Jahrb. f. Gesetzgeb. u. Verwaltg. 1874. — Steinmetz, Die Philosophie des Krieges, S. 92 ff. — Die Kosten des russisch-japanischen Krieges werden für Japan auf rund 2416 Mill. Mark, für Rußland auf 1330 Mill. Rubel berechnet (Steinmetz, a. a. O., II, S. 93).

[5] Vgl. Gustav Ratzenhofer, Soziologie, Leipzig 1907, S. 215.

[6] „Auswärtiges Departement und Departement des Innern müssen, der Ordnung halber, getrennt werden; aber in der Seele des Souveräns, aller Beamten und aller Bürger muß jedes Geschäft zugleich auf das innere Glück und auf den Nationalruhm des Ganzen gerichtet sein." Adam Müller, Elemente der Staatskunst, 1809, I, S. 122.

[7] Vgl. auch Ratzenhofer, a. a. O., S. 107 ff.; Steinmetz, a. a. O., S. 200 ff.

[8] Eine Durchführung dieses Prinzips notwendigerweise in jeder Philosophie der Geschichte. Der großartigste Versuch bei Hegel. Vorlesungen über die Philosophie der Geschichte (z. B. Einleitung III. Der Gang der Geschichte, oder Zweiter Teil, III. Kapitel: Die Perserkriege und viele andere Kapitel).

[9] Adam Müller, Elemente der Staatskunst, 1809, I, vierte Vorlesung.

[10] Fichte, Über den Begriff des wahrhaftigen Krieges. Sämtl. Werke Bd. IV, S. 410; Auswahl von Medicus (Leipzig 1912), VI, S. 459.

Altenburg, S.-A.
Piererſche Hofbuchdruckerei Stephan Geibel & Co.

Kolibri 360 GmbH
Ferdinand-Jühlke-Straße 7
99095 Erfurt, Deutschland
produktsicherheit@kolibri360.de